언더우드와 함께 걷는 — 정동
워크북

양신혜 지음

안경말 시리즈
1

언더우드와 함께 걷는 — 정동

워크북

양신혜 지음

XR›
크리스천
르네상스

연표

1882

5.22
조미수호통상조약

7.19
임오군란

1883

7.15
보빙사 파견

1884

9.20
알렌 도착

12.4
갑신정변

1885

4.5
언더우드
아펜젤러 부부
제물포 도착

4.10
손탁 조선 입국

4.14
제중원 설립

5.3
스크랜튼 가족 도착

7.3
소래교회 설립

1893

7.16
에비슨
부산 도착

1894

7.5~1895.5.5
청일전쟁

7.~1896.2
을미개혁

7.27
갑오개혁

1895

10.8
명성황후시해사건
(을미사변)

11.28
춘생문 사건

1896

2.11
아관파천

9.8
국왕탄신
축하연

1897

12.12
대한제국 건립

1885

8.3
배재학당 설립

10.11
정동제일교회 설립

1886

5.11
보육원 설립
(경신학원 모체)

5.31
이화학당 설립

7.11
노춘경 세례

9.10
시병원 설립

9.23
육영공원 설립

1887

3.6
전깃불 최초 점등

7.24
박중상 세례

9.27
새문안교회 설립

10.
보구여관 설립

1888

6.
영아소동

10.27
기포드 도착

1899

5.17
전차 최초 운행

1904

2.8~1905.9.5
러일전쟁

2.23
한일의정서

1905

8.22
제1차 한일협약

11.17
을사늑약

1907

7.20
고종 양위식

7.24
한일신협약
(정미7조약)

러시아공사관

서대문역 5호선

정동공원

고종의 길
7

새문안교회
예수교학당
[예원학교]

중명전
11

10

손탁호텔
[이화여고]
8

9
이화학당
[이화여고]

3
정동제일교회

2
배재학당
[배재학당역사박물관]

1 육영공원
[서울시립미술관]

6 정관헌

던

덕수궁

대한문

4

서울시청

서울광장

시청역 1,2호선

목차

호러스 그랜트 언더우드
Horace Grant Underwood, 원두우, 1859-1916

언더우드는 공식적으로 북장로교의 파송을 받은 첫 번째 선교사입니다. 그는 서울이 정치적으로 혼돈의 상태이니 일본으로 되돌아가라는 미국 공사의 편지를 받고도 입성한 정열적인 선교사였습니다. 제중원으로부터 시작하여 보육원, 그리고 학교 사역 등 다방면으로 온 힘을 쏟았습니다. 그는 이 땅에 연세대학교를 세웠습니다. 이 뿐 아니라 안식년에는 고국을 방문하여 젊은이들에게, 특히 신학생들에게 해외 선교사의 열정을 불러일으켰습니다. 언더우드의 강연에 감동한 남 장로교의 레이놀즈, 존슨, 그리고 세브란스 병원을 설립한 에비슨이 조선의 선교사로 파송 받았습니다.

제물포(인천)

복음을 듣지 못한 나라, 조선

청년 언더우드는 "아직 복음을 듣지 못한 나라가 있다"라는 친구의 말에 놀랐습니다. 하나님은 놀라운 방법으로 청년 언더우드를 복음이 전해지지 않은 그곳, 조선으로 보내셨습니다. 선교사 언더우드는 고국 샌프란시스코를 떠나 낯선 조선을 향해 떠납니다. 한 달여 동안 망망한 바다 위에서 죽을 고비를 넘기며 일본에 도착합니다. 조선으로 곧장 떠나고 싶었지만, 그는 그곳에 머물러야 했습니다. 그 시간은 언더우드 선교사에게 미국에서는 얻을 수 없는, 특별히 조선에 대해 배울 수 있는 기회였습니다. 그곳에서 조선의 정치적 상황과 문화, 그리고 가장 중요한 언어를 배웠습니다. 하나님의 시간에 따라서 언더우드 선교사는 조선으로 떠나는 배에 올라탔습니다. 친구 아펜젤러 선교사 부부가 함께여서 든든했습니다.

드디어 1885년 4월 5일 부활절 날 그는 제물포에 도착했습니다. 그런데 감사의 시간도 잠시, 서울로 들어오지 말라는 편지를 미국 공사로부터 받았습니다. 서울이 정치적 혼돈 상태에 빠졌기 때문이라고 합니다. 결정은 오롯이 언더우드 선교사 혼자의 몫이 되었습니다. 서울로 떠날 것인가 아니면 다시 일본으로 돌아갈 것인가. 이 선택의 갈림길에서 언더우드 선교사는 지금까지 걸어온 길을 상고하였습니다. 하나님의 보호 아래에서 생명의 위협을 견뎌내며 걸어온 길입니다. 서울을 눈앞에 두고 다시 돌아갈 수 없었습니다. 그는 길을 떠나 서울로 들어가기로 합니다.

제물포에는 조선과 국제 교류를 맺었던 중국인과 일본인이 거주하며 살았던 흔적이 남아있다. 그 대표적인 유물이 청일 조계지 경계 계단이다. 1883년 9월에 일본 조계가, 1884년에 청국 조계가 세워졌다. 계단의 오른쪽이 청국 조계, 왼쪽이 일본 조계이다. 중국인들이 살았던 흔적이 지금은 차이나타운으로 남아있다.

길을 따라서 일본식 집이 지금까지 남아 있다.

제물포에 도착한 언더우드와 아펜젤러가 묵었던 대불호텔이다. 이 건물은 1883년 강화도 조약에 따라 세 번째로 제물포가 개항하게 되자, 일본의 해운업자가 이 호텔을 건립하여 운영하였다. 경인선이 개통되면서 서울까지 가는 시간이 줄어들고, 러일전쟁으로 서양인의 왕래가 줄어들게 되면서 재정난으로 문을 닫게 되었다.

01

'일'을 할 때나 '직업'을 선택할 때, 던지는 첫 번째 질문은 무엇입니까?

02

'일'을 할 때나 '직업'을 생각하면서 중요하게 여긴 기준은 무엇입니까?

03

'일'을 할 때나 '직업'을 선택할 때, 하나님의 자리는 몇 퍼센트를 차지했나요? 뇌 구조 그림으로 그려보세요.

호머 헐버트

Homer Bezaleel Hulbert, 헐벗, 1863-1949

헐버트는 조선 왕실이 세운 근대식 교육기관인 육영공원의 선생으로 이 땅에 왔습니다. 그는 한국어에 능통하여 학생들을 위해 교과서(사민필지)를 집필하였을 뿐만 아니라 한글의 우수성을 널리 알린 선교사입니다. 그는 고종이 어려움에 처할 때마다 도운 친구로서, 일본이 대한제국을 강점하자 한국의 독립운동을 지원하였습니다. 1907년 헤이그 밀사 파견을 도왔을 뿐만 아니라 직접 특사가 되어 그곳에서 활동하였습니다. 그의 공로를 높이 평가하여 대한민국 정부는 그에게 외국인임에도 불구하고 최초로 건국공로훈장 태극장을 수여하였습니다.

근대 공립학교 시작 : 영어 교육

거대한 미술관이 눈에 들어옵니다. 서울시립미술관. 이 오래된 건물에 숨겨진 보물찾기를 시작해 볼까요! 이전에 이 건물은 근대 국가의 상징인 한성재판소였습니다. 우리나라는 대통령을 중심으로 하는 민주주의 국가입니다. 국가의 권력은 행정부, 입법부, 사법부로 나누어져 있습니다. 한성재판소는 바로 사법부의 중심이지요. 미술관이 세워지기 전에 이곳에 근대 공립학교가 있었습니다.

이 학교는 조선이 미국과 조약을 맺은 조미수호통상조약(1882년)이 계기가 되어 세워졌다고 합니다. 그런데 어떻게 미국 사절단과 조약을 맺을 수 있었을까요? 궁금해집니다. 당시 조선에는 영어 통역사가 없어서 중국 통역사의 도움을 받았다고 합니다. 조약이 어떤 방향으로 흘러갔을지 상상이 됩니다. 조약 체결 후, 조선의 관리들은 영어를 가르쳐야 한다고 고종에게 건의하였습니다. 그로 인해 세워진 학교가 바로 '육영공원'입니다. 조선의 왕실은 미국에서 선생님을 초빙하였는데, 그 중 한 분이 헐버트 선교사입니다. 그는 진정으로 한국을 사랑했습니다. "나는 웨스트민스터 사원보다 한국 땅에 묻히기를 원하노라"고 유언을 남길 정도니까요. 그는 을사늑약이 무효임을 알리고자 고종이 만국평화회의에 파송한 유일한 외국인이었습니다. 그는 한국의 특사들을 그곳에서 도왔습니다. 한국을 사랑한 헐버트 선교사의 공을 인정한 한국 정부는 그에게 훈장을 수여하였습니다. 그의 소원대로 그는 한국 땅 양화진에 묻혔습니다.

조미수호통상조약에 숨겨진 태극기의 비밀

조미수호통상조약 조인식에 쓸 조선을 대표하는
국기가 없었다고 합니다. 미국 전권대사 슈펠트 제
독은 조선이 청나라와 비슷한 국기를 게양하지 않
는다면 조선을 주권 독립국으로 간주할 수 없다고
말하며 조선의 접견대신인 신헌과 김홍집에게 국기
를 제정해 조인식에서 사용할 것을 요구했습니다.
미국의 요구에 따라 김홍집은 이응준에게 국기를
제정하라고 했습니다. 우리나라 최초의 태극기는
박영효가 수신사로 일본으로 가는 배에서 만든 것
으로 알고 있었으나, 이보다 앞서서 조미수호통상
조약에서 만들어졌다는 새로운 사실에 주목해야 합
니다.

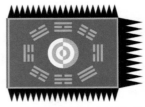

조선의 국왕을 상징하는 '태극 팔괘도'를
변형해 태극기를 만들었다.

최초의 영어 통역관 윤치호

미국과 조선의 조약이 이루어지자 미국은 공사
푸트를 조선에 파견합니다. 1883년 5월 19일 조선
땅에 미국 공사관을 건립하고 업무를 개시합니다.
미국 공사관의 입국 과정을 지원한 사람이 바로 윤
치호입니다. 그는 우리나라 최초의 동경 유학생으
로 급진개화파의 수장이 된 김옥균이 "일본으로만 배
우지 말고 영어를 배워야 일본을 경유하지 않고 서
양 문명을 직수입할 수 있다"라는 충고를 받아들여
영어 공부를 하기 시작했습니다. 그는 영어를 공부
하면서 꾸준하게 영어로 일기를 썼다고 합니다. 영
어 일기는 지금도 영어를 배우는 좋은 공부법 중의
하나입니다. 윤치호는 1889년 12월 8일부터 1943
년 12월 7일까지 꾸준히 썼다고 하니 그의 끈기가

윤치호(1865~1945)

놀랍습니다. 그의 영어 일기는 그가 얼마나 열심히 영어를 공부했는지를 알 수 있는 증거일 뿐만 아니라, 기나긴 한국 역사를 기록한 중요한 사료입니다. 이렇게 준비된 윤치호가 푸드의 통역관이 됩니다.

미국에서 공사를 파견했으니 조선에서도 미국으로 공사를 파견하는 것이 상례입니다. 그런데 왕실은 조선의 대표로 공사를 파견할 움직임을 보이지 않았습니다. 이를 감지한 푸드는 조정에 건의하여 특명전권대사 민영익과 대리 공사 홍영식을 위시한 견미사절단 10명을 구성하여 미국으로 파송하도록 합니다. 이들이 바로 보빙사(報聘使)입니다. 보빙사는 "답례로서 외국을 방문하는 사신"이라는 뜻입니다. 이들은 1883년 7월 15일 제물포를 출발하여 나가사키로 향합니다.

조선에서 미국으로 가는 여정

제물포 > 나가사키 > 도쿄(1개월 동안 미국행 준비) > 샌프란시스코 > 새크라메토(대륙횡단철도 출발역) > 솔트레이크 > 오그덴 > 오마하 > 시카고 > 클리블랜드 > 피츠버그 > 워싱턴(종착역)

1883년 9월 미국으로 파견된 조선 보빙사. 앞줄 왼쪽부터, 미 해군정보국장 메이슨, 민영익, 홍영식. 총영접사 퍼시벌 로웰, 유길준, 미국 공사관 포크.

01
조미수호통상조약의 체결로 국제사회에 들어선 조선에게 필요한 것은
무엇일까요?

02
조미수호통상조약을 체결하고 고종은 미국으로 조선의 대표단을 보냅
니다.
　(1) 대표단의 이름은 무엇입니까? 그 뜻을 적어 보세요.

　(2) 대표단이 미국에서 본 것 중에 가장 인상 깊은 물건이나 사건을 적어
　　보세요.

03
육영공원의 선생이었던 헐버트 선교사의 업적을 적어 보세요.
도움말 / 아리랑, 띄어쓰기, 만국평화회의

깊이 알기

이 지구의 모든 나라들은 인터넷으로 연결되어 있습니다. SNS로 미국이나 유럽에 사는 사람들과 정보를 나눕니다. 그래서 우리는 '지구촌'의 시대를 살아간다고 말을 합니다.

01

지구촌 시대를 만드는 동력은 무엇이라고 생각합니까?

02

지구촌 시대를 살아가는 우리가 지금 준비해야 할 것을 생각해 봅시다.

우리는 대한민국 국민입니다. 또한 우리는 그리스도 안에서 하나님의 자녀입니다. 모든 민족을 가슴에 품은 하나님의 백성입니다.

(1) 우리 민족의 고유성은 무엇이라고 생각합니까?

도움말 / 한글, 한복, 한국음식 등

(2) 한국인이자 하나님의 자녀인 우리가 전 세계를 품기 위해서 지금 무엇을 해야 할까요?

자유교양을 갖춘
그리스도인

언더우드와 함께 제물포에 도착한 아펜젤러 선교사
는 서울로 떠날 수 없었습니다. 임신한 아내가 있었기
때문이지요. 그는 아내와 함께 일본으로 돌아가 아기를
낳고 다시 조선으로 들어가기로 합니다. 아펜젤러는 어
떻게 이 나라에서 복음을 전해야 할지 곰곰이 생각해 보
았습니다. '안전하게' 복음을 전할 방법은 조선 왕실의
허락을 받아 학교를 세우는 일뿐이라고 생각했습니다.
그래서 아펜젤러 선교사는 고종의 허락으로 '배재학당'
을 설립하였습니다. 배재학당은 '유능한 인재를 기르는
곳'이라는 뜻입니다.

아펜젤러 선교사는 근대국가를 건설하는 데 필요한
인품과 실력을 가진 "자유교양인" 양성을 교육의 목표
로 삼았습니다. 그는 서양의 자유교양인이 조선에서는
유교의 군자(君子)에 해당하는 것을 간파하였습니다.
그래서 군자가 되는 것을 교양교육의 목표로 삼았습니
다. 아펜젤러 선교사는 군자가 지녀야 할 인품뿐만 아니
라 노동의 가치와 과학기술을 가르쳤습니다. 그가 가르
친 노동의 가치는 조선의 문화를 변화시키는 동력이 되
었습니다.

헨리 아펜젤러
Henry Gerhard Appenzeller, 아펜설라, 1858-1902

아펜젤러는 조선으로 파송을 받은 첫 번째 감리교 선교사입니다. 그는 조선에 배재학당을 세워 근대교육의 기틀을 마련하였습니다. 조선인들의 민주주의 의식과 독립정신을 일깨우기 위해서 서재필, 윤치호 등을 초청하여 학생들을 가르치도록 하였습니다. 그리고 최초의 감리교회인 벧엘교회를 설립하여 예배를 드렸습니다. 이 교회가 지금의 정동제일교회의 전신으로, 10년 만에 붉은 벽돌의 교회를 설립하여 헌당하였습니다. 그곳에서 남녀가 함께 예배드리는 감격을 누렸습니다.

01

당시의 교복을 입고 멋있게 포즈를 취해 보세요.

02

배재학당을 졸업한 학생 중에 위대한 인물을 찾아라!

(1) 우리나라 초대 대통령의 사진을 찾아보세요.

(2) 배재학당 졸업생 중에서 아는 사람의 이름을 적어보고 그들의 업적을
찾아서 적어보세요.

03

헐버트 선교사가 작성한 한글 교과서를 찾아보세요.

04

선교사들이 가지고 들어온 물건들을 적어보세요.

01

아펜젤러 선교사가 교육의 목적으로 삼은 "자유교양"을 갖춘 그리스도인은 지금 우리시대에서 누구일까요? 대표적인 인물을 찾아보세요.

(1) 그 사람을 선택한 이유는 무엇인가요?

(2) 내가 생각하는 자유교양을 갖춘 그리스도인을 정의 내려 봅시다.

02

아펜젤러 선교사가 제안한 "자유교양"을 갖춘 나의 모습을 그려봅시다.

03

'자유교양인'이 되기 위해서 나는 무엇을 해야 할까요?

남녀를 넘어서
하나의 신앙공동체

조선은 남녀유별(男女有別)의 사회로, 남녀의 '구별'을 넘어서 '차별'을 낳았습니다. 여성에게는 배움의 기회조차 주어지지 않았으니까요. 하지만 선교사는 여성들에게 글을 가르쳤습니다. 성경을 읽어야 복음에 효율적으로 다가갈 수 있었기 때문이지요. 이뿐 아니라 복음을 쉽게 외울 수 있도록 찬송가를 번역하여 가르치기도 했습니다. 그 대표적인 곡이 "예수 사랑하심은"입니다.

하나님은 선교사들의 수고를 헛되게 하지 않으셨습니다. 조선인의 마음에 복음의 씨앗이 뿌려졌고 성령의 임재를 경험하도록 하셨습니다. 조선의 여인도 세례를 받고 교회의 지체가 되고 싶었습니다. 하지만 남녀가 유별한데 어떻게 여성이 남자 선교사에게 머리를 내민단 말입니까! 상상도 할 수 없는 일입니다. 고민 끝에 휘장세례라는 독특한 세례식이 등장하게 되었습니다. 그리고 선교사는 그리스도 안에서 다시 태어난 여성에게 이름을 지어주었습니다. 조선시대에는 여성에게 이름을 지어주지 않았기 때문입니다. 이제 남녀 구별없이 신앙 안에서 하나가 되었습니다. 남녀가 함께 예배를 드리는 신앙공동체의 증표가 바로 정동제일교회입니다.

처네(외출용 쓰개)를 쓴 부인들(1916년)

1916년 미국 감리교 여성 해외선교회의 『WOMAN'S MISSIONARY FRIEND』에 실린 사진 속 여성들은 기독운동을 위해 그들 시간의 10분의 1을 내주었다고 한다.

안경말 Tip

휘장세례

조선은 유교의 관습에 따라서 남자와 여자는 7살 이후로는 한 자리에 머물지 못합니다(남녀칠세부동석, 男女七歲不同席). 이를 고려하여 선교사들은 여성과 남성이 따로 앉아 예배를 드리도록 교회 건물을 ㄱ자 형태로 지었습니다. 이뿐만 아니라 여성 성도는 남성 선교사에게 세례를 받을 수 없다고 해서 휘장을 치고 구멍 난 곳으로 머리를 내밀어 세례를 받기도 하였습니다. 이것을 휘장세례라고 불렀습니다. 더 놀라운 일은 조선의 여인들이 세례를 받을 때, 처음으로 자신의 이름을 가지게 되었다는 사실입니다. 하나님의 자녀로 이 땅에서 살아가는 주체임을 세례를 받는 그날에서야 깨닫게 되었습니다. 하나님은 이처럼 조선의 여성에서 놀라운 선물을 허락하셨습니다.

01

조선은 남녀칠세부동석(男女七歲不同蓆)의 규범을 지닌 사회였습니다. 하지만 복음이 조선사회를 변화시켰습니다. 그 과정에서 어떤 변화가 있었나요?

02

복음은 조선의 여성들에게 이름을 부여했습니다. 이름이 있다는 것은 무슨 의미일까요?

03

조선에 놀라운 일이 벌어집니다. 남자와 여자가 함께 모여 예배를 드리는 공간이 만들어진 것이지요! 남자와 여자가 한 공간에 머물지 못했을 때 어떻게 예배를 드렸을까요?

 ㄱ 자교회　　 정동제일교회

(1) 다음 두 교회의 차이점과 공통점을 찾아 보세요.

(2) 남녀가 함께 예배드린다는 의미를 생각해 봅시다.

01

하나님께서 그의 형상을 따라서 남자와 여자를 만드셨습니다. 하나님이
우리를 만든 목적과 우리에게 맡긴 사명은 무엇인지, 창세기 1장 26-27
절을 묵상하며 생각해 봅시다.

> 하나님이 가라사대 우리의 형상을 따라 우리의 모양대로 우리가 사람을 만들
> 고 그로 바다의 고기와 공중의 새와 육축과 온 땅과 땅에 기는 모든 것을 다
> 스리게 하자 하시고 하나님이 자기 형상 곧 하나님의 형상대로 사람을 창조
> 하시되 남자와 여자를 창조하시고 (창세기 1장 26-27절)

02

하나님께서 왜 남자와 여자를 만드신 걸까요? 남녀의 '차이'와 '차별'에
대해서 생각해 봅시다.

> 여호와 하나님이 아담에게서 취하신 갈빗대로 여자를 만드시고 그를 아담에
> 게로 이끌어 오시니 아담이 이르되 이는 내 뼈 중의 뼈요 살 중의 살이라 이것
> 을 남자에게서 취하였은즉 여자라 부르리라 하니라 이러므로 남자가 부모를
> 떠나 그의 아내와 합하여 둘이 한 몸을 이룰지로다 (창세기 2장 22-24절)

근대국가의 터 닦기

고종은 러시아 공사관에서 경복궁으로 돌아가지 않고 덕수궁에 정착합니다. 이제부터는 근대국가로서 세계의 무대에 서기로 결단합니다. 새로운 국가의 이름을 옛 삼한 땅에 세워진 나라 이름인 대한을 채택하고 환구단에서 대한제국을 선포하였습니다. 이제부터 고종은 대한제국의 황제로 군림합니다. 고종은 황제로서 노란 곤룡포를 입었습니다. 그리고 중국 사신을 맞이하기 위해 세운 영은문을 허물고 그 자리에 독립문을 세워 독립국가의 위상을 높였습니다.

고종은 근대국가를 건설하기 위하여 도로 개혁을 단행합니다. 그 흔적이 바로 대한문 앞의 넓은 길입니다. 이 길은 경복궁 앞 광화문 광장과 연결된 도로입니다. 고종은 여기에서 멈추지 않고 새로운 화폐를 발행하여 경제를 안정시키고자 하였습니다. 또한 조선 왕실의 위엄을 다시 세우기 위해서 덕수궁 주변의 땅을 사들여 서양식 건물을 지었습니다. 그리고 황제의 안위를 보호하기 위해서 덕수궁 주변에 높은 건물을 짓지 못하도록 법령을 제정하였고, 덕수궁이 위치한 정동에 들어오는 사람들에게는 노표를 발행하여 그들의 출입을 살피기도 했습니다. 고종황제는 이곳에서 근대국가로서의 대한제국을 그려나갔습니다.

고종황제
1852-1919 / 대한제국 1897-1907

고종이 아버지 흥선대원군의 섭정
에서 벗어나 스스로 다스리기 시작
하면서 조선은 험난한 고난의 길을
걸었습니다. 강화도조약(1875)으로
부터 시작하여 임오군란(1882)과
갑신정변(1884), 동학농민운동과
청일전쟁(1894), 명성황후시해사건
(1895)을 겪었습니다. 러시아 공사
관으로 피신한 고종이 새로운 국가
를 선포하였습니다. 이제부터 왕이
황제로서 청나라와 동등한 위치에
서 교류를 시작합니다.

* '대원군'은 왕의 아버지를 부르는
호칭입니다. 왕위를 이을 자가 없어
서 왕의 대가 끊길 때, 왕의 혈족에
서 갈라져나간 가족(방계혈속)에게
서 왕을 선출하여 왕의 자리를 계
승합니다. 이런 경우 왕의 직책을
가지지 못했던 아버지를 대원군이
라 불렀습니다. *

© 서울연구원, 2015

대한제국은 서구열강의 경제 침탈을 막고 근대 국민 경제를 수립하기 위하여 노력하였습니다. 자본주의의 영향으로 생산을 늘리고 산업을 일으키려는 식산흥업정책(殖産興業)을 추진합니다.

토지조사를 실시하여 토지 주인의 권리를 밝힌다. 상공업을 장려하고 금융기관을 설립한다. 서울 친위대와 국왕 호위대를 개편하여 근대적 군사교육을 실시한다. 병원, 학교 등 근대적 시설을 건설한다. 통신시설을 개선하고 전국의 우편 전보망을 늘린다. 단발령을 실시하고 관리는 양복을 입는다.

*대한제국의 대한국국제와 대한민국의 헌법을 비교해 봅시다.

대한국 국제
제1조 대한국은 세계 만국이 인정한 자주독립제국이다.
제2조 대한국의 정치는 만세 불변의 전제 정치이다.
제5조 대한국 대황제는 육·해군을 통솔한다.

1906년에 제작된 사진엽서다. 좌측에 황궁우가, 우측에 황제의 즉위공간으로 사용된 환구단이 있다. 원구단에는 황제를 상징하는 황색으로 칠한 둥근 지붕이 제단을 덮고 있다.

제6조 대한국 대황제는 법률을 제정하여 그 반포와 집행을 정하고, 필요한 칙령을 발표한다.

제7조 대한국 대황제는 행정 각 부의 관제를 정하고, 행정상 필요한 칙령을 발표한다.

대한민국헌법

제1조 ①대한민국은 민주공화국이다. ②대한민국의 주권은 국민에게 있고, 모든 권력은 국민으로부터 나온다.

제2조 ①대한민국의 국민이 되는 요건은 법률로 정한다. ②국가는 법률이 정하는 바에 의하여 재외국민을 보호할 의무를 진다.

제5조 ①대한민국은 국제평화의 유지에 노력하고 침략적 전쟁을 부인한다. ②국군은 국가의 안전보장과 국토방위의 신성한 의무를 수행함을 사명으로 하며, 그 정치적 중립성은 준수된다.

제6조 ①헌법에 의하여 체결 공포된 조약과 일반적으로 승인된 국제법규는 국내법과 같은 효력을 가진다. ②외국인은 국제법과 조약이 정하는 바에 의하여 그 지위가 보장된다.

제7조 ①공무원은 국민전체에 대한 봉사자이며, 국민에 대하여 책임을 진다. ②공무원의 신분과 정치적 중립성은 법률이 정하는 바에 의하여 보장된다.

오늘날의 서울시청

01

고종황제가 환구단에서 선포한 새로운 국가의 이름은 무엇인가요?

02

고종황제는 우리나라가 청나라의 속국이 아니라 독립국가임을 무엇으로
나타냈습니까?

03

고종황제는 근대국가로 발돋움하기 위해서 새로운 정책을 단행합니다.
그가 행한 정책을 적어봅시다.

01

고종황제는 조선을 계승하지 않고 새로운 나라 대한제국을 건립하였습니다. 국제사회에서 독립국이자 근대국가인 대한제국을 만들기 위해서 수많은 개혁을 단행하였습니다.

(1) 조선과 대한제국의 차이를 적어 봅시다.

조선	대한제국

(2) 근대화를 위한 고종황제의 노력을 어떻게 평가할 수 있을까요?

02

대한제국을 선포한 고종황제는 "구본신참(舊本新參)"을 국가개혁의 원칙으로 삼았습니다. '구본'은 갑오개혁 이전의 조선의 사상과 제도를 의미하며, '신참'은 옛것을 강화하기 위한 수단으로써의 새로운 사상과 제도를 뜻합니다. 우리는 어떤 방향으로, 그리고 어떻게 국가를 개혁해야 할까요?

(1) 우리나라의 문화 중에서 지켜야 할 것은 무엇이라고 생각합니까? 그 이유를 적어봅시다.

(2) 우리나라의 문화 중에서 개선해야 할 것과 그 이유는 무엇인가요?

대한제국의 상징

석조전은 대한제국의 상징입니다. 이 건물은 돌로 만들어져서 석조전이라 불리며, 신고전주의를 대표하는 아테네 아카데미를 본떠 지었습니다. 석조전에서 고종황제와 관료들이 함께 모여 회의하였습니다. 오늘날에는 이곳에 그때의 모습을 재현시켜 놓았습니다. 고종황제가 앉았던 의자와 탁자, 침대, 심지어 욕조도 볼 수 있습니다. 우리가 살아가는 지금의 모습과 별반 다르지 않습니다.

조선 왕실이 이렇게 서양의 문물에 관심을 기울이게 된 이유의 중심에 알렌 선교사가 있습니다. 그는 의료 선교사로 원래 중국에 파송을 받았으나, 중국에서 복음을 모르는 조선이 있다는 것을 알게 되었습니다. 알렌 선교사는 선교지 변경 신청을 한 상태로 조선으로 떠납니다. 그렇게 아무런 준비 없이 조선에 들어왔습니다. 하지만 하나님의 계획은 놀랍기만 합니다. 우정국(우체국) 축하연에서 명성황후의 조카인 민영익이 크게 다치는 일이 일어났습니다(갑신정변). 13명이나 되는 한의사가 달려들어 치료했음에도 불구하고 살릴 수 없었지요. 엄청나게 피를 흘린 민영익을 수술하여 살린 사람이 바로 알렌 선교사입니다. 고종황제는 황후의 조카를 살려준 알렌이 너무나도 고마워 "당신은 미국에서 온 것이 아니라 하늘에서 내려왔습니다."라고 칭송했다고 합니다. 바로, 이 사건으로 고종황제와 명성황후는 서양 문물과 의술에 적극적으로 마음을 열기 시작했습니다.

호러스 뉴턴 알렌
Horace Newton Allen, 안련, 1858-1932

알렌은 중국 의료 선교사로 파송을 받아 중국으로 갔으나, 한 선교지부에 두 명의 의료 선교사가 거주하는 일이 발생하였습니다. 그는 먼저 북장로교 선교부에 조선으로 가겠다는 자신의 의지를 표명하고 조선에 입국하였습니다. 그는 갑신정변으로 인해 크게 상처를 입은 민영익을 수술하여 생명을 건져낸 공로로, 조선에 제중원을 건립할 수 있었습니다. 제중원은 이후 공식적으로 북장로교의 파송을 받은 언더우드 선교사의 첫 번째 사역지가 되었습니다.

언더우드와 함께 걷는 정동 _ 37

01

조선의 관료들은 어떻게 조선을 근대국가로 만들 것인가의 문제를 두고
서로 논쟁하였습니다.

서양의 문명을 도입하고 조선의 신분제도를 철폐하여 새로운 독립국을
건설하자는 _____ 와 옛 것을 본을 삼아서 개혁을 단행하자고 하
는 _____ 로 나뉘어졌어요.

조선이 근대국가로 발전해야 한다는 목표에는 합의를 했으나, 어떻게 근대
국가를 만들어갈 것인지를 두고 서로 다른 방식을 선택했습니다. 급진개화파
와 온건개화파는 한때는 같은 곳을 바라보며 나아간 친구였습니다. 급진개화
파는 일본을 모델로 삼아서 개혁을 하고자 한 반면, 온건개화파는 청나라와
밀접한 관계는 맺으며 근대국가를 만들고자 하였습니다.

02

갑신정변이 일어나게 된 결정적인 계기는 무엇인가요?

청의 간섭이 너무 심해지자 국가가 위태로워짐을 느꼈습니다. 대원군이 볼모
로 잡혀 있었으니 더욱 그러했습니다. 어떻게 이 난국을 헤쳐 나가야 할지 고
민이었습니다. 급집개혁파는 일본에게 도움을 청해서 개혁을 행하고자 하였
습니다.

삼일천하의 갑신개혁안

1. 임오군란으로 청나라에 끌려간 흥선대원군을 즉시 돌아오게 할 것
2. 문벌과 신분을 없애고 재능에 따라서 인재를 등용할 것
3. 토지개혁으로 관리의 부정부패를 뿌리 뽑고 가난한 백성의 경제를 안정화 할 것 등

01

갑신정변은 '삼일천하'로 끝납니다. 갑신정변을 계기로 시행된 개혁이 실패 한 원인은 무엇일까요?

02

국가의 개혁은 어떻게 그리고 어떤 방향에서 이루어져야 할까요? 우리가 바라보는 국가의 모습을 그려 봅시다.

서양 문화가 들어오다

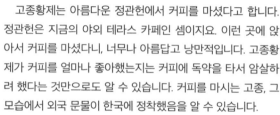

고종황제는 아름다운 정관헌에서 커피를 마셨다고 합니다. 정관헌은 지금의 야외 테라스 카페인 셈이지요. 이런 곳에 앉아서 커피를 마셨다니, 너무나 아름답고 낭만적입니다. 고종황제가 커피를 얼마나 좋아했는지는 커피에 독약을 타서 암살하려 했다는 것만으로도 알 수 있습니다. 커피를 마시는 고종, 그 모습에서 외국 문물이 한국에 정착했음을 알 수 있습니다.

서양인들은 그들의 문물을 가지고 조선에 들어왔습니다. 그들이 조선에 정착해서 살아내는 일이 쉽지 않았기 때문입니다. 먹는 것과 입는 것, 자는 것까지 어느 하나 적응하기 쉽지 않았습니다. 그들이 고향에서 즐겨 먹고 마시던 우유나 빵이 그리웠습니다. 서양의 문물은 또한 국가정책을 통해서 조선에 들어옵니다. 조선의 내각을 장악한 일본이 시행한 을미개혁이 대표적입니다. 이 개혁 중 단발령은 조선인을 놀라게 했을 뿐만 아니라 반발을 불러일으켰습니다. 조선의 선비들은 목숨을 걸고 이를 반대하였지만, 일본의 강압에 못 이겨 고종황제와 황태자 순종이 상투를 잘랐습니다. 짧은 머리에는 한복보다는 양복이 어울리니, 자연스럽게 정동에 양복점이 생겨나기 시작했습니다. 이렇게 문화의 변혁은 서양의 외국인을 통해서, 그리고 조선의 내각을 집권한 일본의 을미개혁을 통해서 이루어졌습니다.

을미개혁으로 우리나라는 태양력을 사용하기 시작하였습니다. 조선이 개국한지 540년 되는 해의 11월 17일을 1896년 1월 1일로 잡고 이날부터 양력을 사용하기 시작했습니다. 시간을 바꾼다는 것은 세계관을 바꾸겠다는 의지의 표현입니다. 일주일을 '일, 월, 화, 수, 목, 금, 토'로 나누어 생각하였고, 이 때부터 하루를 12시간으로 나누어 24시간제를 사용하였습니다. 양력에 맞추어 연호를 사용하기로 한 결정합니다. 이는 중국 중심의 세계관이 무너지는 상징적인 일입니다. 선교사들이 세운 학교는 24시간 체제에 따라서 수업을 진행하였습니다. 이렇게 새로운 문화는 조선인의 삶 속에 퍼지기 시작했고, 이것으로 우리나라에서 사용하는 시간의 개념이 변하기 시작했습니다. 이제 '자(쥐), 축(소), 인(호랑이), 묘(토끼), 진(용), 사(뱀), 오(말), 미(양), 신(원숭이), 유(닭), 술(개), 해(돼지)' 12지로 시간을 표시하던 전통은 사라져 우리의 기억에 남아 있지 않게 되었습니다.

안경말 Tip

김홍집 내각이 을미개혁을 단행하면서 단발령을 공포하였습니다. 대한제국의 황제인 고종과 태자 순종, 그리고 신하들의 상투가 강제로 잘렸습니다. 상투는 조선 민족의 자존심임에도 불구하고 김홍집 내각은 상투가 위생상 청결하지 않을뿐더러 활동할 때도 편하지 않다는 이유를 들어 단발령을 공표하였습니다. 조선의 백성에게 상투는 삶의 근거인데 비위생적이라는 이유로 자르라고 하니, 도저히 이

김홍집(1842-1896)

해되지 않았습니다. 하지만 일본의 선동으로 조선의 백성은 마지못해 상투를 잘랐습니다. 낯선 타인의 눈에도 이 단발령은 조선 사람들의 긍지와 자존심, 그리고 위엄을 한꺼번에 빼앗은 명령인 것을 알 수 있었습니다. 언더우드 부인은 개혁이라는 미명 아래 선포된 단발령을 "개인의 자유에 대한 잔인한 공격"이며 "조선의 민족 주체성을 말살하고 일본에 동화시키려는 계획"이라고 평가했습니다.

01
서양과 동양의 문화적 차이를 아는 대로 비교하여 적어 봅시다.

02
서양의 문화가 우리나라에 유입되는 두 경로를 살펴보고, 이 두 과정이
지닌 가장 큰 차이점이 무엇인지 생각해 봅시다.

선교사들은 고향의 빵과 우유를 먹기 시작했습니다. 그리고 서양의 이층집을
지어 살기 시작했습니다. 그들은 고국에서처럼 여가 생활을 즐겼습니다. 그렇
게 선교사들의 삶이 조선인의 생활방식에 영향을 끼치기 시작했습니다.

일본을 등에 지고 등장한 김홍집 내각은 을미개혁을 통해서 다양한 정책을
시행했습니다. 태양력 사용과 단발령 등을 법으로 제정하였습니다. 이 법이
우리나라의 문화와 사고방식을 바꾸었습니다.

지금은 옛 것을 존중하면서 새로운 변화를 꾀하는 움직임이 일어나고 있습니다. 전 세계의 사람들이 K-pop을 부릅니다. 서양인들이 한국어를 배우려는 열풍이 일어나기도 합니다. 서양의 문화가 한국의 전통을 바꾸었는데, 이제는 한국의 문화가 세계를 변화시킵니다. 서양과 동양은 온라인 기술(디지털 기술)로 인해 하나가 되어가고 있습니다.

01

디지털 문화에 얼마나 스며들어가 있는지 스스로 체크해 봅시다.

(1) 즐기는 게임과 SNS는 무엇인가요?

(2) 온라인 세상에서 사는 시간이 얼마나 됩니까?

(3) 게임을 하지 못하거나 소셜 네트워크에 연결되지 않아서 불안한 적이 있나요?

(4) 새로운 게임이나 SNS가 생길 때, 최신형 기술을 따라잡는 일이 나에게 얼마나 중요한가요?

02

디지털 문화가 살아가는 데 도움이 되나요? 아니면 방해가 되나요?

진정한 친구, 선교사

고종은 감옥과 같은 왕궁을 떠나서 러시아 공사관으로 탈출합니다. 한 나라의 국왕으로서 이렇게 도망치듯이 타국으로 피신해야만 하는 현실이 비참할 따름입니다. 하지만 더 이상 왕실에 머무는 것은 의미가 없었습니다. 이미 왕비를 잃었습니다. 고종은 두려움에 어느 누구도 믿을 수 없었습니다. 선교사들이 고종의 친구가 되어 문 앞에서 보초를 서며 그를 보살펴 주었습니다. 고종은 다른 나라의 도움을 받아서 경복궁을 탈출하려고 했습니다. 하지만 그 계획(춘생문 사건)은 시행하기도 전에 탄로가 나 실패했습니다. 그래서 고종은 조용히 그리고 은밀하게 두 번째 계획을 진행했습니다. 왕궁을 안전하게 드나들 수 있는 궁녀들을 이용하기로 한 것이지요. 고종과 세자는 여장을 한 후 가마에 궁녀와 함께 타고 이 길을 따라서 러시아 공사관으로 탈출합니다. 이것을 아관파천(俄館播遷)이라고 합니다. '아관'은 러시아 공사관을 일컫는 말이고, '파천'은 임금이 난리를 피해서 도성을 떠나는 일을 말합니다.

언더우드 선교사는 러시아 공사관에서 머무는 고종을 위해서 생일축하연을 열어주었습니다. 이 생일축하연은 왕을 위로할 뿐만 아니라 백성들에게도 왕의 위엄과 권위를 생각할 계기를 만들어 주었습니다. 하지만 하나님은 이 자리를 벼슬자리를 사려고 올라온 어떤 선비를 하나님의 자녀로 거듭나게 하는 계기로 만들어 주셨습니다. 하나님의 섭리는 이처럼 놀랍습니다.

올리버 R. 에비슨

Oliver R. Avison, 어비신, 1860-1956

에비슨은 언더우드, 헐버트와 함께 있었던 고종의 친구입니다. 그는 캐나다의 선교사이자 의사입니다. 제중원의 제4대 원장으로, 지금 세브란스 병원의 기틀을 마련하였습니다. 그는 1904년 9월 제중원을 신축하면서 기부금을 낸 미국인 사업가 루이스 헨리 세버런스의 이름을 따서 세브란스 병원으로 이름을 변경하였습니다. 이 병원이 지금의 연세대학교 세브란스 병원입니다.

조선땅의 세 나라

먼저 당시의 복잡한 국제 정세를 이해할 필요가 있습니다. 일본, 청나라와 러시아는 조선을 두고 서로 대결하였습니다. 청나라는 조선을 속국으로 여겼고, 러시아는 일본의 세력이 커지는 것을 막기 위해서 조선을 이용하려 들었습니다. 일본은 대륙 진출의 꿈을 위해서 조선을 손에 넣으려고 했습니다.

청일전쟁

관리들의 부정과 부패로 인해 백성들의 삶은 더욱 힘들어지게 되었습니다. 이에 견딜 수 없었던 농민들이 1894년 전라북도 고부에서 동학농민운동을 일으켰습니다. 농민들의 군대가 거듭 승리를 거두었을 뿐만 아니라 전주까지 함락하였습니다. 사정이 이렇게 되자 왕실은 청나라에 군사 파병을 요청하였습니다. 청나라는 조선에 군사를 파병하면서 그 사실을 일본에 알려야만 했습니다. 청나라와 일본은 이미 텐진조약으로 조선에 중대한 사건이 발생하여 청일 양국, 혹은 어느 한 쪽이 군대를 파병하게 될 때에는 상대방의 국가에 알리도록 하였습니다(3조). 일본도 이 기회를 놓치고 싶지 않았습니다. 일본도 군대를 파병하여 조선 땅에서 청나라와 일본이 싸우는 청일전쟁이 일어나게 되었습니다. 이 전쟁에서 일본이 승리를 하게 됨으로써 일본이 조선 땅에서 우위를 점하게 되었습니다.

삼국간섭

일본은 자신들의 꿈을 위해서 청나라와 전쟁을 일으켰습니다. 그 전쟁이 바로 청일전쟁입니다. 이 전쟁에서 승리한 일본은 중국 요동 반도까지 차지하였습니다. 이렇게 일본이 강력해지니 러시아는 독일, 프랑스와 함께 손잡고 일본에 압력을 넣었습니다. 그것을 "삼국간섭"이라고 합니다. 일본을 막기 위해서 세 나라, 러시아, 독일, 프랑스가 일본을 간섭한 사건이라는 뜻이지요. 이 소식을 듣고 기뻐한 사람이 명성황후였습니다. 일본이 자신과 고종을 정치에서 물러나게 하고 이름뿐인 왕과 왕비로 남겨 놓으려고 한다고 생각했거든요. 이런 상황에서 청나라는 이미 힘을 잃었으니, 명성황후가 기댈 곳은 러시아뿐이었습니다.

명성황후시해사건(을미사변) 당시의 삼국

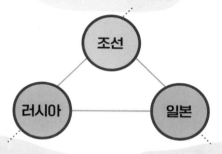

청일전쟁 승리 후 일본의 영향력이 커짐
삼국간섭 소식을 명성황후는 일본을
견제하기 위해서 러시아와 손을 잡음

조선

러시아

일본

동아시아에서 일본 세력이
커지는 것을 원하지 않음
프랑스, 독일과 함께 청일전쟁으로
일본이 가지고 간 요동반도를
청에 돌려 줄 것을 요구함

청일전쟁으로 요동반도를 얻었으나
삼국간섭으로 다시 청에게 돌려줌
동아시아에서 성장하는 러시아를
견제하고 싶으나 정면으로
대결하기에는 아직 어려움

출처 : <한국사편지 생각책>, 154.

THE INVITATIONS ARE OUT FOR A SCRAP. New York Herald.

1904년 1월, 바릿은 한반도를 행진하는 러시아 제국(곰으로 구현됨)과 일본 제국을 묘사했다.

『The Tacoma times』 January 16, 1904.

01

명성황후가 일본에 의해 살해되고 조선의 왕은 경복궁에서 두려움의 시간을 보냅니다. 고종은 누가 독살할지 몰라서 날 것을 먹었다고 합니다.

(1) 이런 고종에게 친구가 되어 준 사람은 누구입니까?

> 도움말 / 처음으로 북장로교에서 파송을 받은 사람. 육영공원의 교사로 입국하여 한국에 행한 일본의 만행을 세계에 알린 사람. 제중원으로 파송을 받은 의료 선교사

(2) 만약 내가 고종이라면 선교사들에게 어떻게 감사의 마음을 표현했을까요? 세 줄로 감사의 마음을 적어봅시다.

02

고종의 길을 걸으면서 생각해봅시다.

(1) 조선의 왕이 자신이 통치하는 나라에서 타국의 공사관으로 피신하면서 어떤 마음을 가졌을까요?

(2) 러시아 공사관에서의 첫날, 고종은 그날 일기에 무엇을 남겼을까요?

01

세상의 불의로 고통당하는 사람이 있습니다.

(1) 고통당하는 모습을 보면 어떤 마음이 생기나요?

(2) 고통당하는 사람을 도와준 적이 있나요?

02

예수님은 누구의 친구였나요?

> 인자는 와서 먹고 마시매 말하기를 보라 먹기를 탐하고 포도주를 즐기는 사람이요 세리와 죄인의 친구로다 하니 지혜는 그 행한 일로 인하여 옳다 함을 얻느니라 (마태복음 11장 19절)

03

나는 어떤 친구인가요?

(1) 친구에게 도움을 준 적이 있나요? 아니면 도움을 받은 적이 있나요?

(2) 마음을 터놓고 이야기를 나눌 친구가 있나요?

(3) 나는 어떤 친구가 되고 싶나요?

나는 _____ 친구가 되고 싶습니다.

마음의 활력, 휴양지

한 나라의 왕이면서 타국에 몸을 맡겨야 하는 신세가 된 고종은 러시아 공사관에서 1년 여의 시간을 보냅니다. 그때 고종을 돌본 사람이 바로 마리 앙투아네트 손탁입니다. 그녀의 제부가 당시 러시아 공사 베베르의 처남이기 때문에 함께 조선에 들어왔습니다. 그녀는 왕실에서 외국인을 접대하는 일을 맡았습니다. 그녀는 5개 국어가 가능했기 때문에, 국제사회에 관심이 많았던 고종과 명성황후에게 적격이었습니다. 그녀는 조선 왕실의 신하들과는 달리 어떤 추한 말이나 더러운 소문을 내지 않았습니다. 그래서 고종은 그녀를 더욱 신뢰하였습니다.

고종은 그녀의 노고를 위로하여 덕수궁 밖의 땅과 건물을 하사하였습니다. 그녀는 그곳을 2층 양관으로 재건축하였습니다. 그것이 바로 손탁호텔입니다. 이 호텔 1층에는 커피숍이 있었는데, 이곳에 많은 외국인들이 커피를 마시며 만남의 시간을 가졌다고 합니다. 손탁호텔은 집을 떠난 사람들에게 안식처가 되었습니다. 이뿐 아니라 한국의 지식인들이 서양의 문화와 정치, 경제에 대한 정보를 얻을 수 있는 자리였습니다. 그래서 한국의 지식인들이 정치적 혼돈에 빠진 국가를 구할 방법을 모색하고자 이곳으로 모여들었습니다. 이 모임을 '정동구락부'라고 불렀습니다. 손탁은 고종과 궁궐 밖에 있는 이들을 연결하는 중재자였습니다.

1885년 주한 러시아 공사 베베르(Karl Ivanovich Weber)는 서울에 부임할 때 그의 인척인 마리 앙투아네트 손탁이라는 여성을 데리고 왔습니다. 손탁이 서울에 도착할 때 32세였고, 155cm의 아담한 체구였습니다. 부드러운 눈매와 단아한 풍모를 지녔고 영어, 독일어, 불어, 러시아어를 비롯해서 한국어까지 5개 국어가 가능했다고 합니다. 고종과 명성황후는 추악한 말과 더러운 소문을 내지 않는 그녀를 신뢰했습니다.

마리 앙투아네트 손탁
Marie Antoinette Sontag, 1838-1922

©국립민속박물관

01

손탁 여사는 대한제국의 '황실전례관'이 된 첫 번째 외국인입니다. 대한제국을 찾는 외교관들과 주요 인사들을 접대하는 연회를 주관하였습니다. 이뿐만 아니라 서양식 건물을 짓는 과정에도 적극적으로 개입하여 대한제국을 변화시키는 물줄기를 만들어냅니다. 대한제국 시기에 서양에서 들어온 물품은 무엇이 있나요?

02

조선은 국제사회에서 자리를 찾지 못하고 이리저리 끌려다녔습니다. 이에 한국의 지식인들은 서양의 정치와 문화를 배우고자 손탁호텔에 모여들었습니다. 이 지식인들의 모임을 무엇이라고 합니까?

03

손탁호텔의 비석을 찾아봅시다. 손탁은 1909년 고향으로 돌아갑니다. 우리 각자 손탁이 되어 대한제국을 떠나는 고별사를 적어봅시다.

01

유행 민감도를 체크해 봅시다.

(1) 유행이 지난 옷이나 신발, 가방 등을 가져야 한다면 기분이 어떤가요?

(2) 새로운 물건을 쇼핑하고 구입하는 행위가 행복감을 주나요?

02

물건을 구입할 때 자신의 기호에 따릅니까? 아니면 다른 사람의 소비나 유행을 따릅니까?

03

그리스도인으로서 우리는 이 땅에 어떤 문화를 만들어가야 할까요?

메리 스크랜튼
Mary Fletcher Benton Scranton, 시란돈, 1832-1909

메리 스크랜튼 대부인은 아들 스크랜튼 부부와 함께 감리교 선교사로 들어왔습니다. 그녀가 조선에 들어왔을 때는 1885년, 52세였습니다. 그녀는 열정을 가지고 가난하고 소외된 여성들을 위해서 학당을 열었습니다. 단 한 명으로 시작한 여성 교육은 이화학당으로 자리를 잡게 됩니다. 여성들이 복음을 직접 읽을 수 있도록 글을 가르쳤고, 조선의 유교적 관습을 고려하여 휘장예배를 통해서 여성들이 복음을 들을 수 있도록 하였습니다. 스크랜튼 대부인은 여성들이 자신의 신앙을 스스로 고백하고 참된 그리스도인으로서 당당하게 설 수 있도록 도왔습니다.

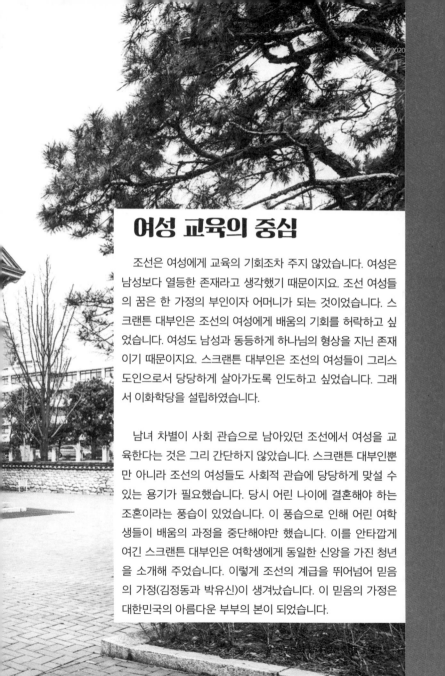

여성 교육의 중심

조선은 여성에게 교육의 기회조차 주지 않았습니다. 여성은 남성보다 열등한 존재라고 생각했기 때문이지요. 조선 여성들의 꿈은 한 가정의 부인이자 어머니가 되는 것이었습니다. 스크랜튼 대부인은 조선의 여성에게 배움의 기회를 허락하고 싶었습니다. 여성도 남성과 동등하게 하나님의 형상을 지닌 존재이기 때문이지요. 스크랜튼 대부인은 조선의 여성들이 그리스도인으로서 당당하게 살아가도록 인도하고 싶었습니다. 그래서 이화학당을 설립하였습니다.

남녀 차별이 사회 관습으로 남아있던 조선에서 여성을 교육한다는 것은 그리 간단하지 않았습니다. 스크랜튼 대부인뿐만 아니라 조선의 여성들도 사회적 관습에 당당하게 맞설 수 있는 용기가 필요했습니다. 당시 어린 나이에 결혼해야 하는 조혼이라는 풍습이 있었습니다. 이 풍습으로 인해 어린 여학생들이 배움의 과정을 중단해야만 했습니다. 이를 안타깝게 여긴 스크랜튼 대부인은 여학생에게 동일한 신앙을 가진 청년을 소개해 주었습니다. 이렇게 조선의 계급을 뛰어넘어 믿음의 가정(김정동과 박유신)이 생겨났습니다. 이 믿음의 가정은 대한민국의 아름다운 부부의 본이 되었습니다.

조선시대를 빛낸 여성들

> 유희춘의 <미암일기>
>
> "부인과 더불어 궁중의 좋은 배를 먹어보니 맛이 퍽퍽하지 않고 시원해서 최고품이라 이를 만하고, 술도 역시 너무 좋아서 서로 칭송하기를 마지않았다. 부인이 시를 지어 나에게 주었다. 눈 속이라 보통 술도 얻기가 어려운데 더구나 대궐에서 내려 주신 황봉주라 한 잔을 마시자마자 얼굴이 붉어 오니 태평세월 돌아왔다. 그대와 함께 치하하네."

조선시대 한 양반의 글입니다. 이 글에서 부인에 대한 남편의 어떤 마음이 느껴지나요? 우리가 알고 있는 조선시대 부부의 모습과는 거리가 있어 보입니다.

그러면 언제부터 여성 차별이 시작되었을까요?

중국에서는 결혼할 때 신랑이 신부를 데려와 신랑 집에서 결혼식을 올리고 신랑 집에서 살았다고 합니다. 이런 결혼 풍습을 "친영례"라고 합니다. 친영례는 결혼과 동시에 여성이 남편과 남편의 부모, 친척을 중심으로 생활하는 특징을 가지고 있습니다. 여성은 '출가외인'이 됩니다. 조선의 양반들은 이 결혼 풍습을 가지고 들어오고자 했습니다. 오랜 시간이 걸렸습니다. 이 풍습이 바뀌는데 2백 년이 넘는 시간이 필요했다고 합니다. 오랜 시간이 흘렀음에도 불구하고 온전하게 중국식 결혼 풍습으로 바뀌지 않고 전통적 풍습과 중국의 친영례를 반반씩 섞어서 결혼식을 진행하게 되었습니다. 결혼식은 신부집에서 하고, 결혼 후 살림은 시집에 가서 하는 새로운 풍습이 생겨난 것이지요.

또한 재산을 아들딸 차별 없이 나눠 주던 것이 딸에게는 적게, 아들에게는 많이 주는 것으로 바뀌었습니다. 이렇게 바뀌게 된 데는 한두 사람에게 몰아서 물려주는 것이 재산을 지키고 늘리는 데 유리하다고 생각했기 때문입니다. 소수 양반 계층에서만 지켜지던 성리학의 윤리가 오랜 시간에 걸쳐 서민들에게까지 퍼지게 되었습니다.

이렇게 조선사회에 정착한 남녀 차별에서 다시 벗어나 여성에게 교육의 기회가 주어지기까지, 그리고 사회의 일원으로서의 권리를 회복하는 데까지 또다시 오랜 시간을 인내해야만 했습니다. 그리스도인으로서 우리는 하나님의 형상을 닮은 남자와 여자로 지음을 받았다는 사실을 잊지 맙시다.

이화학당이 처음으로 꽃놀이 소풍을 나갔는데, 그 일이 신문에도 실릴 정도로 놀라운 일이었다고 합니다. 선교사는 여학생들이 활동하기 편하게 한복을 개조합니다. 치마를 묶는 끈 대신에 어깨 끈을 만들어 치마가 흘러내리지 않도록 했던 것이지요. 여학생들이 처음으로 운동회도 했다고 해요. 이러한 노력이 하나님의 자녀로서의 여성의 권위를 회복하는 동력이 되었습니다.

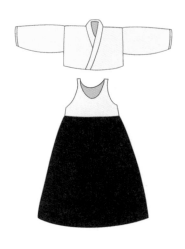

01

조선사회에서 일반적으로 여성이 가진 꿈은 무엇이었습니까?

02

여학생들이 공부를 포기하고 이화학당을 떠나는 주된 이유는 무엇이었나요?

03

이화학당에는 이름 셋인 학생이 있습니다. 조선시대에 불치병이라고 여겼던 언청이를 수술하여 고치는 것을 보고 감동을 받아 그 학생은 의학을 공부했습니다. 미국에서 의사가 되어 돌아와 지금의 이화여대병원(보구여관)의 원장이 되었습니다. 이 분은 누구일까요?

01

이화학당에서 공부하여 최초로 의사가 된 학생은 이상하게 자신의 이름
을 두 번이나 개명을 합니다. 왜 이름을 개명했는지를 생각해 봅시다.

도움말 / 세례, 결혼

02

저술가나 예술가가 자기를 규정하는 '필명' 내지는 '호'를 짓습니다. 각자
의 소망을 담아 '필명' 내지는 '호'를 지어 봅시다.

03

갑신정변을 통해서 이루어진 갑오개혁은 실패했는데, 이화학당에서는
여성이 당당하게 사회인으로서의 일을 감당하도록 만들었습니다. 그 성
공의 원인은 무엇이라고 생각합니까?

길거리의 아이들에게도

전쟁과 전염병으로 인해 길거리에 집 없는 아이들이 많이 있었습니다. 언더우드 선교사는 아이들에게 돌봄의 터를 만들어 주고 싶었습니다. 아이들의 옷이 흰색인 것을 빨래를 해보고서야 알 수 있었으니까요! 언더우드 선교사가 길거리의 아이들을 돌보게 된 결정적 계기는 어린 존(김규식) 때문이었습니다. 부모님이 어린 존을 돌볼 수 없게 되자 그는 친척 손에 맡겨졌습니다. 하지만 어린 존이 배고픔에 벽지를 뜯어먹을 정도로 방치되었다는 소식을 접합니다. 아이를 데려오는 것이 맞는 일인지 결정하기 쉽지 않았습니다. 이 아이를 데려왔다가 죽기라도 한다면 앞으로의 선교사역에 큰 치명타를 입힐 것이기 때문입니다. 하지만 언더우드에게 그 어떤 것도 어린 영혼보다 중요하지 않았습니다. 이 아이를 데려오면서 언더우드 선교사는 본격적으로 보육원 사역을 시작하였습니다.

언더우드 선교사는 조선 왕실의 도움 없이 선교부의 지원을 받아 보육원을 설립하고자 했습니다. 왕의 지원을 받아 설립하게 되면 왕실의 개입으로 아이들에게 자유롭게 복음을 전하지 못할 거라 생각했기 때문이지요. 언더우드 선교사는 아이들의 생활뿐만 아니라 그리스도인으로서 사회의 빛과 소금의 역할을 하도록 가르치고 싶었습니다. 이 일을 위임받은 마포삼열 선교사도 언더우드 선교사의 뜻을 따라서 학교의 이름을 '예수교학당'이라고 했던 것이지요. 이 학당의 목적은 학교이지만 예수님을 따르는 참된 그리스도인을 양육하는 일에 있다는 것을 학교 이름으로 분명하게 드러냈습니다. 이 학당이 지금의 경신학교입니다.

© 새문안교회 역사관

새뮤얼 모펫
Samuel A. Moffett, 마포삼열, 1864-1939

마포삼열 선교사는 맥코믹 신학교를 졸업한 목사로서, 1890년 1월에 북장로교 선교사로 내한했습니다. 그는 언더우드 선교사가 보육원을 설립하여 아이들을 돌보는 사역에서 교육사업으로 전환하는 시기에 그의 일을 위임받아서 예수교학당의 교육사업에 전념하였습니다. 그는 한석진 조사와 함께 평양을 중심으로 복음의 씨앗을 뿌렸습니다. 조선인과 더불어 천장이 낮은 조선인의 집에서 소박하게 사는 그의 인내와 헌신에 감동한, 당시 평양을 방문했던 비숍은 그의 책 『조선과 그의 이웃 나라들』에서 그의 삶을 그리고 있습니다. 그는 초기 한국교회의 지도자를 양성하는 평양신학교의 교장으로 섬겼으며, 그의 영향력은 지금도 지속되고 있습니다.

01

언더우드 선교사가 보육원 사역을 시작할 때, 왜 조선에는 집 없는 아이들이 많았던 걸까요?

임오군란(1882)과 갑신정변(1884)

갑신정변이 일어나기 2년 전, 군인들이 봉기를 일으킨 임오군란이 일어났습니다. 당시 군인들이 거의 1년 동안 봉급을 받지 못하는 일이 벌어졌습니다. 그러던 어느 날 봉급을 받았는데, 쌀에서 퀴퀴한 냄새가 날뿐만 아니라 모래와 겨가 섞여 있자 분노가 하늘로 치솟았습니다. 관리들이 쌀을 몰래 빼돌린 결과였습니다. 군인들은 이 일의 책임이 명성황후에게 있다고 보았고, 이후 흥선대원군이 나라를 다스려 주길 원했습니다. 고종과 명성황후는 청나라에게 도움을 요청하여 흥선대원군을 볼모로 데리고 가도록 했습니다. 흥선대원군과 고종, 명성황후의 대립은 청과 일본의 국제적 대립관계에서 갈등을 심화시키고 있음을 보게 됩니다. 이 대립구도 아래에서 조선이 청을 더욱 의지하게 되자, 청나라에서 벗어나고자 갑신정변이 일어났다는 것을 기억할 필요가 있습니다.

02

언더우드 선교사가 조선 왕실의 후원을 받지 않고 북장로교 해외선교부의 기금으로 보육원 사역을 하고자 한 이유는 무엇인가요?

01

선교사들은 오해와 거짓 소문으로 어려움을 겪었습니다(영아소동사건).
조선인들은 낯선 이방인을 경계했을 뿐만 아니라 선교사가 전하는 성경
말씀(요 6:55)을 오해했습니다. 선교사들은 어떻게 조선인의 오해와 거
짓 소문에서 벗어날 수 있었을까요?

02

언더우드는 조선 왕실의 후원 없이 보육원을 세우기로 결정했습니다. 아
펜젤러가 고종의 승인 아래 배재학당을 세운 것과는 대조를 이룹니다.
그리고 언더우드와 그 뒤를 잇는 마포삼열은 '영어 교육'을 포기했습니
다. 이들이 중요하게 생각한 선교 원칙은 무엇일까요?

도움말 / 마펫이 지은 학교 이름인 '예수당학교'에 숨겨있어요.

복음의 확장

조선은 수많은 정령들을 모시는 나라였습니다. 부엌의 신, 장롱 안에 사는 신, 쌀을 넣은 뒤주에 사는 신 등 집안 곳곳에 신이 살고 있다고 믿었습니다. 이 조선에 하나님은 '특별한 방법'으로 첫 번째 그리스도인인 노춘경을 선물로 주셨습니다. 하나님의 역사는 여기서 멈추지 않았습니다. 하나님은 급속도로 조선인의 마음을 감동시키셨습니다. 이제 더 이상 한 곳에서 다함께 예배를 드리는 것이 불가능한 상태까지 이르렀으니까요! 선교사를 비롯하여 모든 성도들은 교회 예배당을 건축해야 한다고 목소리를 높였습니다. 선교사와 성도 사이에 의견의 차이가 있었지만, 하나님이 주시는 지혜로 극복하고 예배당을 세우기 시작합니다. 그 교회가 새문안교회입니다.

조선의 성도들은 예배당을 건축하면서 교회의 지체로서 예배당 건축의 주체가 된다는 것을 배우기 시작했습니다. 노동을 경시하던 양반들이 변했습니다. 그들이 적극적으로 건축 현장에 나와서 노동을 하기 시작했습니다. 당연히 처음부터 양반이 건축 현장에서 일한 것은 아닙니다. 선교사 기포드가 먼저 현장에 나가 흙을 퍼내면서 본을 보였기 때문에 가능했던 일입니다. 양반과 평민이 성도의 교제를 나누면서 자연스럽게 조선의 계급이 무너지는 놀라운 일이 일어났습니다. 그렇게 하나님은 조선을 변화시키셨습니다.

다니엘 기포드
Gifford, Daniel Lyman, 1861-1900

기포드 선교사는 맥코믹 신학교를 졸업한 목사로서, 1888년 10월에 북장로교 선교사로 내한했습니다. 그는 언더우드 선교사를 도와 새문안교회에서 선교활동을 시작했습니다. 언더우드 선교사가 서울을 떠나 전국을 돌며 선교여행을 할 때, 기포드 선교사가 교회를 보살폈습니다. 1894년 겨울부터 이듬해 8월까지 새문안교회 담임목사로 헌신하였습니다. 그래함 리(G. Lee) 선교사와 함께 연동교회를 세워 그 이듬해부터 담임목사로 섬기시도 했습니다. 새문안교회 예배당을 건축하면서 일어난 그때의 일을 『조선의 풍속과 선교』에 생생하게 기록하고 있습니다

01

하나님은 특별한 방식으로 조선에 복음을 전하셨습니다. 조선의 첫 번째 세례교인인 노춘경이 대표적인 사례이지요. 그는 이것을 읽으면서 개종을 결단했습니다. 이것은 무엇일까요?

> **성경 번역**
>
> (1) 이수정 번역 : 1884년에 브리지만(E.C. Bridgeman)과 컬버트슨(N. S. Culbertson)이 고전 한문으로 번역한 중국어 성경(新約全書, 1859) 본문에 이두식 토를 붙이는 방식의 번역인 「新約聖書 馬太傳(신약성서 마태전)」, 「新約聖書 馬可傳(신약성서 마가전)」, 「新約聖書 路加傳(신약성서 로가전)」, 「新約聖書 使徒行傳(신약성서 사도행전)」, 「新約聖書 約翰傳(신약성서 약한전)」 등이 있습니다.
>
> (2) 로스의 번역 : 스코틀랜드 출신의 장로교 선교사인 존 로스(John Ross, 나요한, 1842-1915)는 중국에서 선교활동을 하던 중에 조선에서 온 무역상인들을 알게 되어, 그들의 도움을 받아 한국어로 성경을 번역하게 됩니다. 로스 선교사가 성경을 번역할 때 이응찬, 서상륜, 백홍준 등이 조사로 있었습니다.

02

예수 그리스도 안에서 새로운 삶을 살기로 결단한 그리스도인들은 조선 사회를 변화시키기 시작했습니다. 그 변화가 예배당 건축 현장에서 일어났습니다. 예배당을 건축을 하는 과정에서 양반들은 어떻게 변했나요? 이런 변화가 한국 사회를 어떻게 변화시켰나요?

01

그리스도는 교회의 머리이고, 우리는 그리스도의 몸입니다(엡 1:22). 하나님께서는 그리스도 안에서 우리를 선택하여 그의 몸의 지체가 되게 하셨습니다. 나는 그리스도의 몸 중 어느 지체로 부르심을 받았나요?

몸은 한 지체뿐만 아니요 여럿이니 만일 발이 이르되 나는 손이 아니니 몸에 붙지 아니하였다 할지라도 이로써 몸에 붙지 아니한 것이 아니요 또 귀가 이르되 나는 눈이 아니니 몸에 붙지 아니하였다 할지라도 이로써 몸에 붙지 아니한 것이 아니니 만일 온 몸이 눈이면 듣는 곳은 어디며 온 몸이 듣는 곳이면 냄새 맡는 곳은 어디냐 (고린도전서 12장 14-17절)

02

자신이 생각하는 교회공동체의 모습을 그려 봅시다.

오직 하나님이 몸을 고르게 하여 부족한 지체에게 귀중함을 더하사 몸 가운데서 분쟁이 없고 오직 여러 지체가 서로 같이 돌보게 하셨느니라 만일 한 지체가 고통을 받으면 모든 지체가 함께 고통을 받고 한 지체가 영광을 얻으면 모든 지체가 함께 즐거워하느니라 너희는 그리스도의 몸이요 지체의 각 부분이라 (고린도전서 12장 24-27절)

어둠의 터널 속으로

러일전쟁에서 승리한 일본은 대한제국의 내정에 간섭하기 시작했습니다. 일본은 본격적으로 대한제국의 외교권을 박탈하기 위해서 이토 히로부미를 보냈습니다. 그는 한국과의 협상을 위해 고종황제와 대신들을 중명전에 모이도록 했습니다. 당연히 고종황제는 조약에 반대를 했고, 회의 장소를 떠났습니다. 조약을 반대하는 한규설을 휴게실에 감금시키면서 강제로 조약을 체결했습니다. 그래서 이 조약을 을사늑약(乙巳勒約)이라고 부릅니다. '늑'이라는 말은 말과 소의 머리를 씌우는 굴레를 말합니다. 그러므로 을사늑약은 을사년에 합의 없이 강제로 이루어진 약속을 뜻합니다.

이에 고종은 가만히 있을 수 없었습니다. 그가 미국의 루스벨트 대통령에게 도움을 요청했으나 성과가 없었습니다. 그래서 고종황제는 국제사회에 이 문제를 제안하기로 결정합니다. 그는 헐버트 선교사에게 위임장을 주어 헤이그 상설 중재 재판소에 파견한 밀사를 돕도록 합니다. 하지만 일본은 이 일을 빌미로 삼아 고종을 황제에서 퇴위시키고 순종에게 왕의 자리를 양위하도록 하였습니다. 고종황제와 그의 아들 순종도 양위식(讓位式)에 참석하지 않았다고 합니다. 꼭두각시 환관이 대신 신구 황제의 대역을 맡아 진행했다고 합니다. 한국은 이렇게 국권을 잃고 일본의 통치 아래로 들어갑니다.

러일전쟁
1904.2.8-1905.9.5

고종은 대한제국을 국가 간의 싸움에 개입하지 않는 중립국으로 만들고 싶었습니다. 하지만 대한제국과 가장 이해관계가 깊은 러시아와 일본이 이를 반대합니다. 영원한 지지 국가인줄 알았던 미국마저도 대한제국의 문제에 개입하지 않겠다는 원칙만을 고수할 뿐입니다. 배고픈 두 이리(러시아와 일본)가 1903년 4월 용암포에서 촉발합니다. 고종은 러시아와 일본의 전쟁이 또다시 한국땅에서 벌어지도록 둘 수 없었습니다. 이 문제를 국제사회에 널리 알려서 해결하고자 하였지만 소용이 없었습니다. 일본 함대가 1904년 제물포항을, 그리고 해군사령관이 이끄는 연합함대가 뤼순항을 선전포고도 없이 공격하였습니다. 제물포 앞바다에 미리 진을 치고 있던 일본 함대가 러시아 함선을 집중적으로 포격하여 침몰시켰고, 이로써 일본이 승리했습니다.

러일전쟁 이후 일본은 러시아를 견제하기 위해서 영국과 일본이 맺었던 영일동맹의 개정, 미국과 맺은 가쓰라-테프트 밀약(이 조약에서 미국은 필리핀 통치권을, 일본은 조선을 지배하는 것을 승인), 러시아와 맺은 포츠머스 조약 등을 통해서 우리나라에 대한 지배권을 인정받았습니다. 국제 사회에는 친구가 없다는 것을 고종은 큰 대가를 지불하고 배웠습니다.

'을씨년스럽다'라는 말을 들어본 적이 있나요? 스산하고 썰렁하다는 의미와 살림이 매우 군색하다는 뜻을 담고 있습니다. 을씨년은 을사년에서 변형된 것이라는 설이 널리 퍼져 있습니다. 을사년은 1905년으로, 우리에게는 치욕적인 해입니다. 강제로 국권을 빼앗긴 날로서 그 슬픔과 허탈함을 '을사년스럽다'는 말로 변형시켜 표현했던 것이지요.

을사늑약에 따라 초대 통감 이토 히로부미가 1906년 3월 28일 한국에 착임한 것을 기념하기 위해 제작된 엽서이다. 이토 통감과 통감대리 하세가와 요시미치 한국주차군사령관의 사진을 가운데에 두고 양쪽에 태극기와 욱일기(旭日旗)를 배치하였다. 아래에는 한국 관련 유적과 풍속사진이 배치되어 있다. 왼쪽의 여백에는 1906년 4월 30일에 거행된 '메이지삼십칠팔년전역육군개선관병식(明治三十七八年戰役陸軍凱旋觀兵式) 기념스탬프가 찍혀 있다. 메이지삼십칠팔년전역은 1904년부터 1905년까지 치러진 러일전쟁을 말한다.

을사늑약 후 덕수궁에서 기념 사진을 찍은 이토 히로부미(앞줄 가운데)

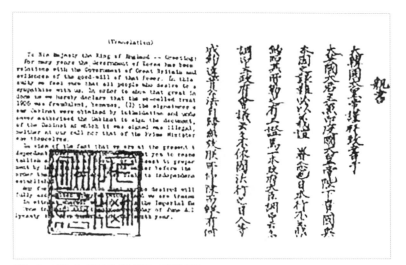

영국으로 보낸 을사늑약이 무효임을 알리는 고종의 친서

— 01

일본은 러일전쟁에서 승리하자 본격적으로 우리의 국권을 침탈하기 위해서 '조약'을 맺습니다. 이를 우리는 "을사늑약"이라고 부릅니다. 왜 을사늑약이라고 부르는 걸까요?

'조약'과 '협약'

일본과 우리가 맺은 을사늑약은 조약이라고 할 수 없습니다. 조약은 국왕이나 의회의 위임과 비준이 필요합니다. 하지만 을사늑약에는 황제의 직인이 없습니다. 그러니 정식으로 한국과 일본이 맺은 조약으로 볼 수 없습니다. 을사늑약은 오히려 양국의 주무대신이 서로 합의하고 서명한 '협약'이라고 할 수 있습니다.

— 02

일본과의 조약에 나선 다섯 사람이 있습니다.

외부대신 박제순, 내부대신 이지용, 군부대신 이근택, 학부대신 이완용, 농상공부대신 권중현을 _____ 이라고 합니다.

* 을사늑약 장면에서 이토 히로부미와 이완용을 찾아 표시하세요.

01

나는 그리스도인이자 교회의 지체입니다. 그리고 대한민국의 국민입니다.

(1) 우리는 그리스도인으로서 세상 권세에 어떻게 대응해야 하나요? 그 이유는 무엇입니까?

> 각 사람은 위에 있는 권세들에게 복종하라 권세는 하나님으로 부터 나지 않음이 없나니 모든 권세는 다 하나님께서 정하신 바라 (로마서 13장 1절)

(2) 세상의 권세는 어디에 있는 것일까요? 국가정부에서 일하는 관료들에게 있는 걸까요? 아니면 관료들이 맡은 '임무'(office)에 있는 걸까요?

02

우리는 대한민국의 국민입니다. 모든 국가는 하나님의 다스림 아래에 있습니다. 국가의 가치와 하나님 나라의 가치가 갈등을 일으킬때 우리는 무엇을 우위에 두어야 할까요?

> 그러므로 복종하지 아니할 수 없으니 진노 때문에 할 것이 아니라 양심을 따라 할 것이라 (로마서 13장 5절)
> 그러나 우리의 시민권은 하늘에 있는지라 거기로부터 구원하는 자 곧 주 예수 그리스도를 기다리노니 그는 만물을 자기에게 복종하게 하실 수 있는 자의 역사로 우리의 낮은 몸을 자기 영광의 몸의 형체와 같이 변하게 하시리라 (빌립보서 3장 20-21절)

언더우드와 함께 걷는 — 정동
워크북

지은이   양신혜

2023년 8월 28일 초판 인쇄
2023년 9월 4일 초판 발행

펴낸이   정영오
펴낸곳   크리스천르네상스
주소   경기도 안산시 단원구 와동로 5길 301호(와동, 대명하이빌)
등록번호   2019-000004(2019년 1월 31일)

표지 디자인   디자인집(02-521-1474)
표지 일러스트   박유나
표지 사진   서울연구원, 2014(표지 사진은 '서울연구원'에서 '2014년'작성하여 공공누리 제1유형으
                로 개방한 '정동교회'를 이용하였으며, 해당 저작물은 'https://data.si.re.kr'에서 무료로 다
                운받으실 수 있습니다.)
내지 디자인   서세은
내지 일러스트   김재헌

ISBN 979-11-980535-4-1(03230)
값 8,000원